MW01461307

Anke Girod • Sabine Sauter

Fridolina Himbeerkraut
Mein Freund Schnuffelschnarch

Anke Girod • Sabine Sauter

Fridolina Himbeerkraut

Mein Freund Schnuffelschnarch

PENGUIN JUNIOR

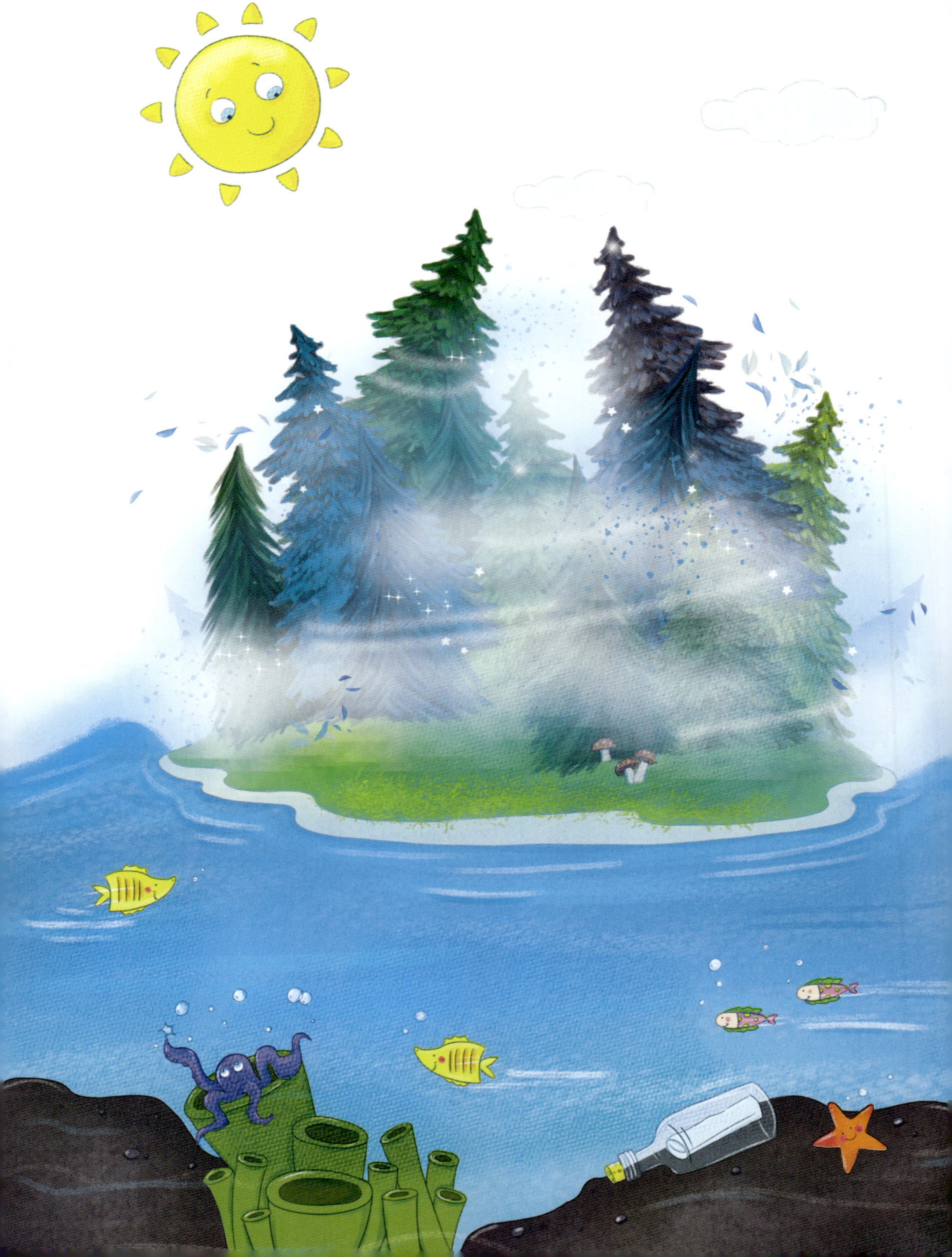

Die Schön-Wetter-Hexeninsel

Fridolina Himbeerkraut war ein Hexenmädchen aus der Familie der Kräuterhexen. Sie lebte mit ihren Hexeneltern auf der einzigen Hexeninsel der Welt, weit draußen auf dem Meer. Es war eine höchst geheime Insel, und außer den Hexen selbst, wusste niemand etwas von ihr. Vom Meer aus konnte man die hübsche Insel nicht sehen, weil ein hauchdünner Nebelring sie umgab. Und da sie auf Seekarten als äußerst gefährliche Meeresstelle eingezeichnet war, machte jeder Schiffskapitän einen großen Bogen um sie.

Das kleine Hexenmädchen Fridolina aber liebte ihre Insel, und sie hatte wirklich großes Glück, denn hier herrschte immer das schönste Wetter. Das lag an dem gemütlichen, warmen Inselwind. Von der Küste her brachte er salzigen Meeresduft mit und strich dann sanft durch den kleinen Wald und das riesige Kräuterfeld hindurch. Dabei hauchte er jedes noch so kleine Wölkchen am strahlend blauen

Himmel einfach davon. So wuchsen die
bunt blühenden Kräuter der Insel schnell und
wunderbar, manche in der warmen Sonne,
manche im Halbschatten des kühlen Waldes.
Fridolina war ein fröhliches, neugieriges und sehr
tierliebes Hexenkind. Damit alle Tiere des Insel-
waldes sie schon von Weitem erkennen konnten,
trug sie immer rot-lila-grün geringelte Kleider.
Auf ihren langen, braunen Haaren leuch-
teten hellgrüne Pünktchen, weil sie

heimlich einmal einen Farbzauber aus dem geheimen Zauberbuch ihrer Oma probiert hatte, der ziemlich danebengegangen war. Trotzdem gefielen Fridolina die lustigen Pünktchen sehr gut, denn sie fand sie nicht nur hübsch, sondern auch ungemein praktisch. Seitdem konnte sie noch länger in den Bäumen herumklettern, ohne von ihren Eltern entdeckt zu werden.

    Fridolina liebte ihre Schön-Wetter-Hexeninsel, aber besonders stolz war sie auf ihre Hexeneltern. Ihre Mama Lavendula war eine begabte Kräuterhexe – sogar bei den Kräuterpflanzen selbst war sie beliebt. So kam es, dass alle Kräuter viel stärker dufteten, wenn Lavendula in ihrer Nähe war. Deshalb roch es um Fridolinas Mama herum immer besonders lecker. Und sie konnte aus diesen Kräutern auch noch die köstlichsten Dinge hexen. Am liebsten mochte Fridolina ihre Wildkräuter-Vanille-Muffins, die sogar beim Verheilen kleiner Wunden halfen. Das war sehr praktisch, denn Fridolina holte sich täglich mindestens eine kleine Schramme bei

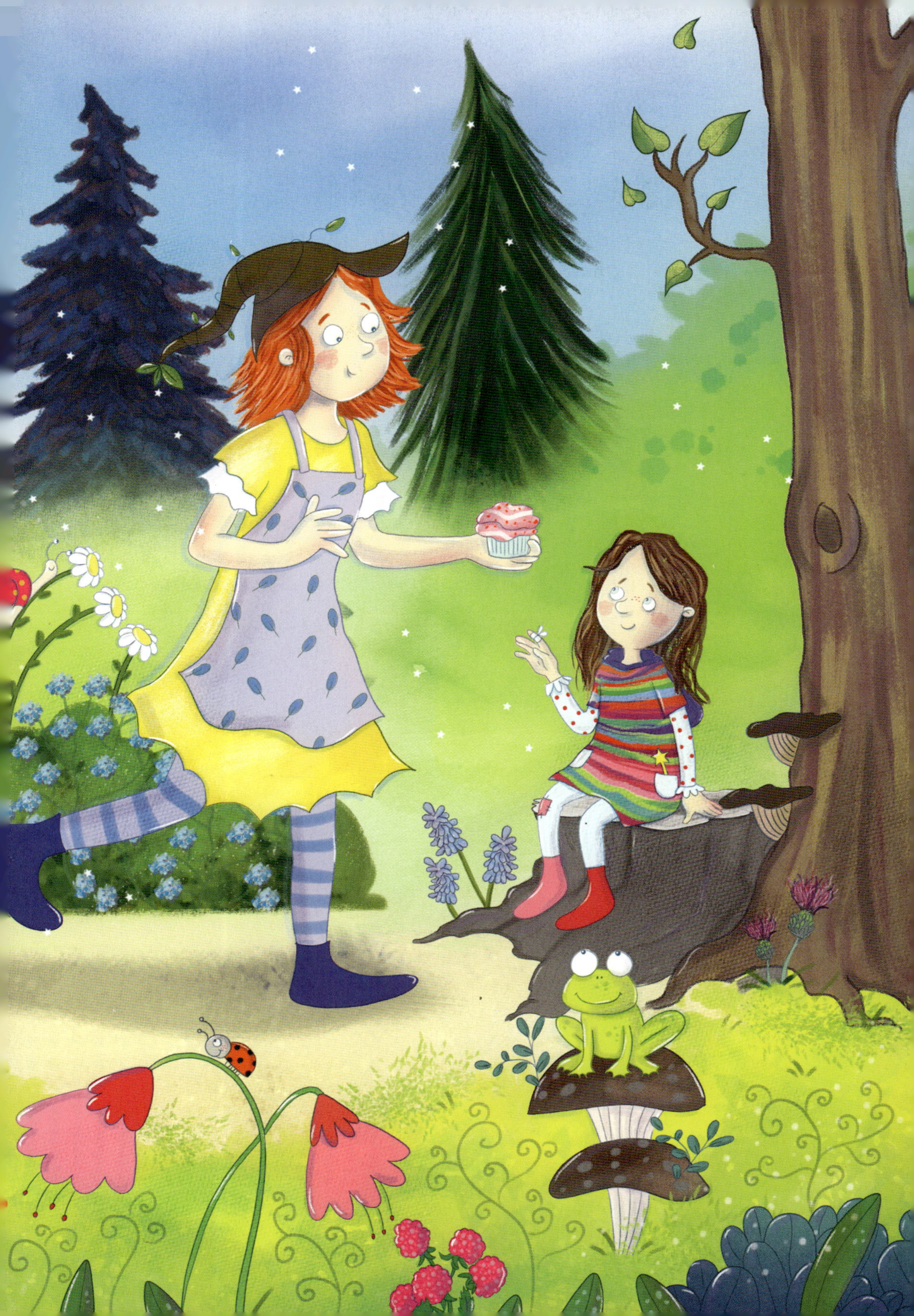

ihren Baum-Sprung-Übungen mit den Eichhörnchen auf den höchsten Bäumen der Insel. Fridolinas Papa Moregano war ein auf der ganzen Hexeninsel bekannter Kräuterhexer. Er konnte auch noch den längsten und schwierigsten Zauberspruch vollkommen auswendig aufsagen. Außerdem war er sehr hilfsbereit und man durfte ihn immer um Rat fragen. Oft wurde er von den älteren Hexen gebeten, eine besondere Kräutersuppe zu hexen, die gegen ihre Vergesslichkeit helfen sollte. Das Rezept für diese Erinnerungssuppe konnte sich kaum jemand merken, denn es war sage und schreibe 178 Kräuterhexenbuchseiten lang, und wenn

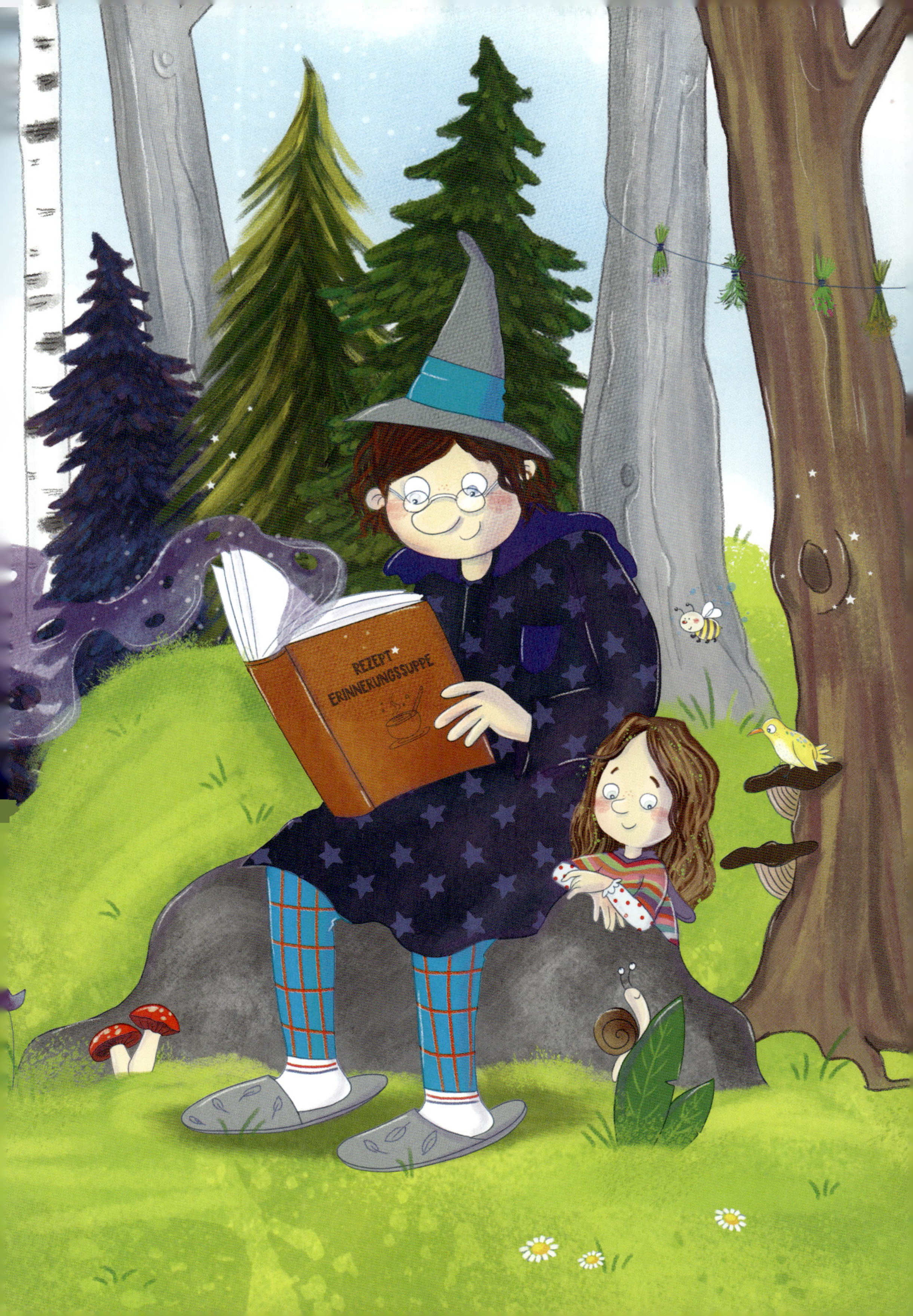
REZEPT
ERINNERUNGSSUPPE

man es nicht auswendig konnte, dauerte es Wochen, bis die Suppe fertig war.

Ach, und deshalb war es Fridolina doppelt und dreifach peinlich, dass sie wohl das einzige Kräuterhexenkind der ganzen Insel war, das sich Kräuternamen, Kräuterhexensprüche und Kräuterrezepte einfach nicht merken konnte. Nicht einmal ein klitzekleines bisschen. Sie fand Kräuter einfach so petersilien-trocken-langweilig, dass deren Namen in ihr linkes Ohr hineinhüpften und fast gleichzeitig schon aus dem rechten Ohr wieder hinaus. Nichts davon wollte in ihrem Kopf hängen bleiben. Da konnte sie noch so viel Erinnerungssuppe löffeln. Und wenn doch mal etwas hängen blieb, dann war das sogar noch merkwürdiger. Dann verdrehten sich die Buchstaben der Kräuternamen in ihrem Kopf nämlich zu einem lustigen Buchstabensalat und sie sagte statt Basilikum – Kumsilisab oder statt Pfefferminze – Zefferpinze oder statt Rosmarin – Mari-Rosin. So als wollten sich die Namen dadurch wenigstens ein kleines bisschen interessanter machen.

Und dabei war Fridolina ein wirklich kluges kleines Mädchen. Sie kannte zum Beispiel alle 126 Tiernamen auswendig, von denen man ihr irgendwann einmal erzählt hatte. Manchmal waren das übrigens auch die Tiere selbst gewesen, die ihr ihre Namen verraten hatten. Ja wirklich und wahrhaftig, auch wenn die ganze Kräuterhexenfamilie das nicht glauben wollte, aber Fridolina konnte mit Tieren sprechen. Nun ist das für eine kleine Kräuterhexe allerdings wirklich ungewöhnlich und in der langen Geschichte der Hexeninsel noch nie vorgekommen. Es war also „allerhöchst petersilienmerkwürdig und oberschnittlaucherstaunlich!", wie alle in ihrer Familie, nein, sogar alle Kräuterhexen auf der gesamten Insel sagten. Manche fanden es sogar „total unkraut-unnütz"!

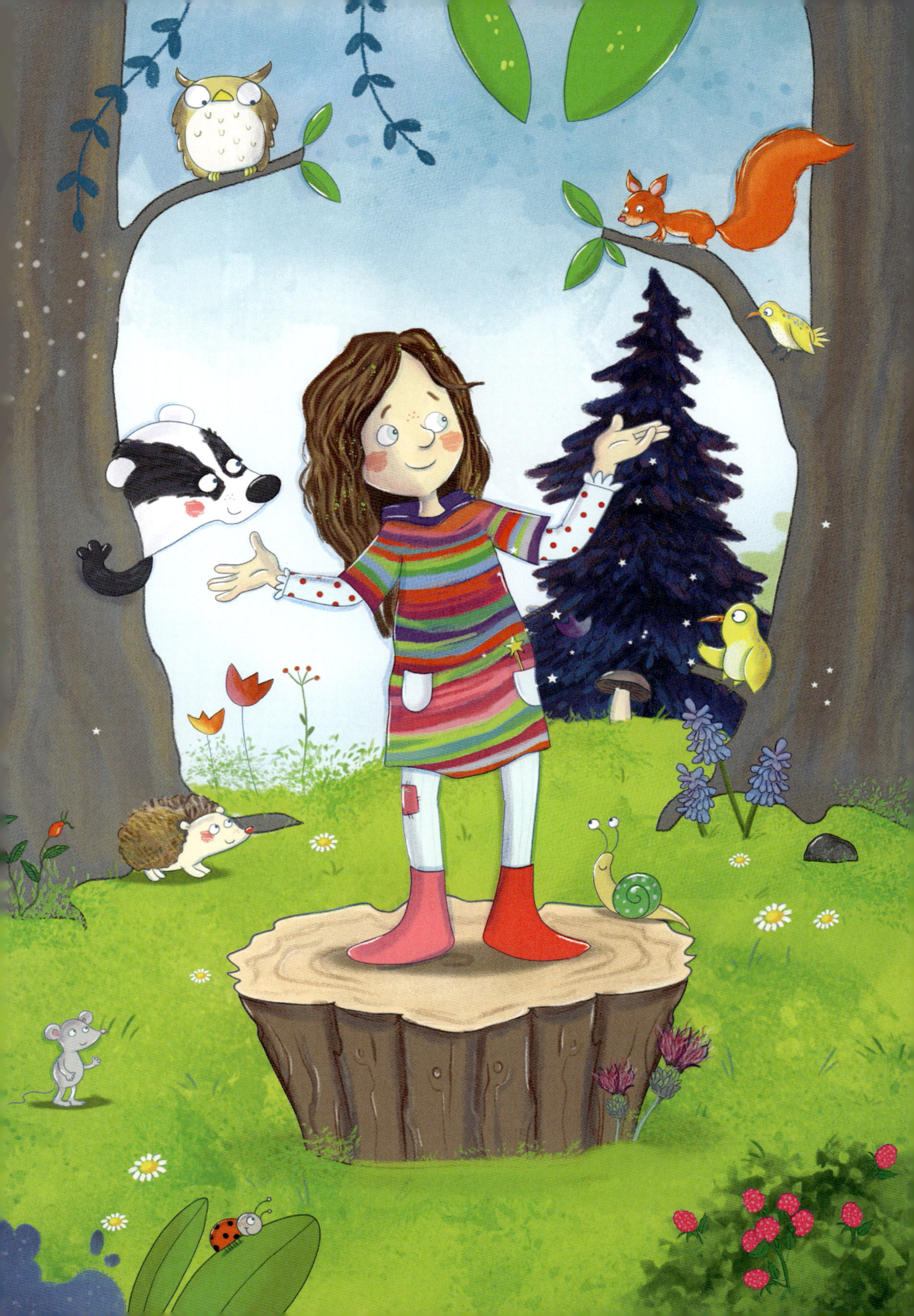

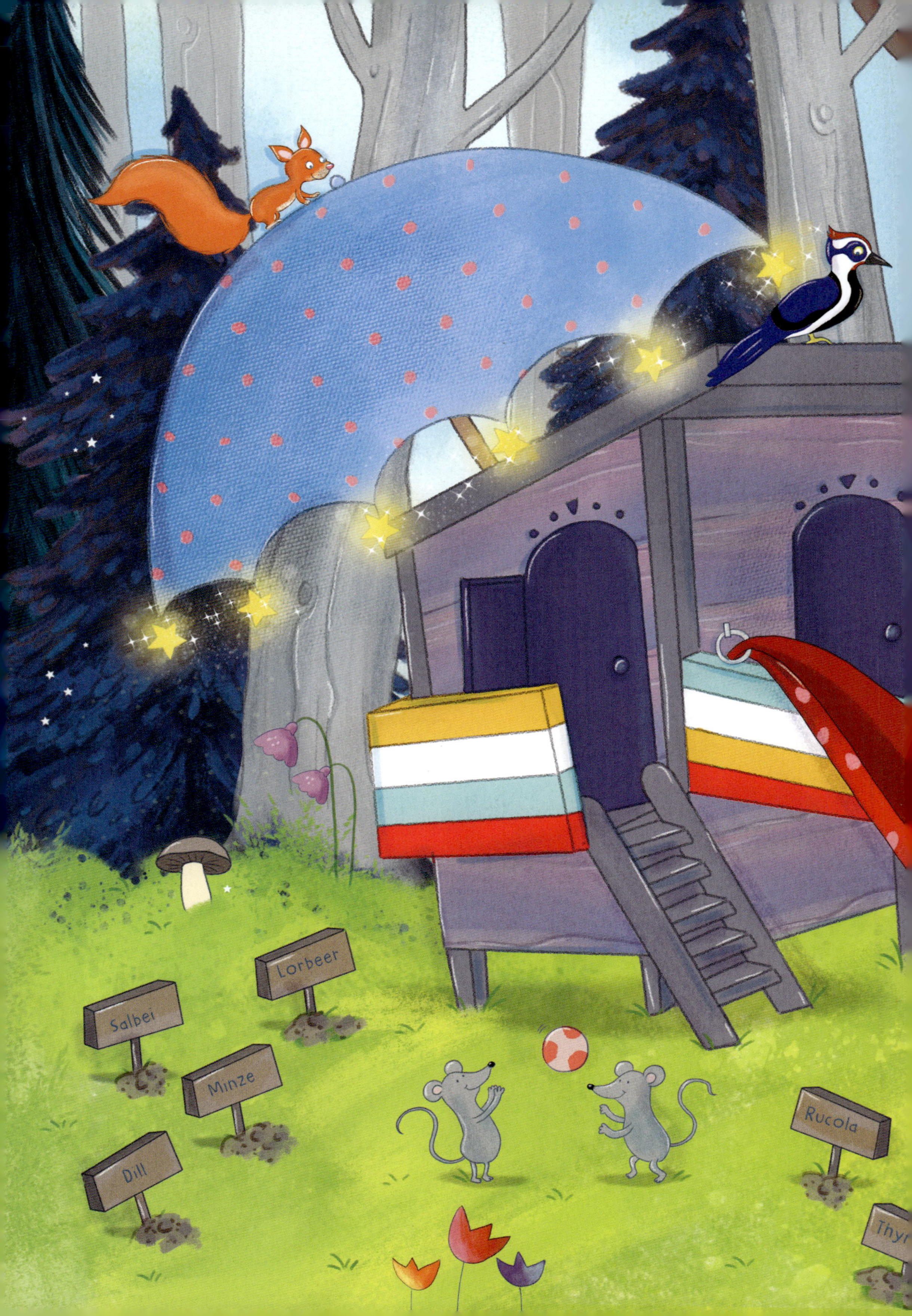
Lorbeer
Salbei
Minze
Dill
Rucola

Aber Fridolina fand das überhaupt nicht. Sie fand es sogar sehr nützlich, denn auf der Insel gab es außer den Kräuterhexen, Kräutern und Bäumen eben vor allem viele Tiere. Und mit denen wollte die kleine Hexe tausendmal lieber zusammen sein als mit den stummen Kräutern, die sich den ganzen Tag nicht von ihren Plätzen rührten. So hatte sich Fridolina zusammen mit ihren Freunden Biber Bibsi und Specht Tock-Tock eine kunterbunte, kleine Holzhütte in den Kräutergarten ihrer Eltern gebaut. Hier wollte sie nun am liebsten immer mit ihren Freunden spielen. Leider sollte jedoch gleich ein langweiliges Kraut ihre Pläne kräftig durcheinanderwirbeln.

Was schnarcht denn da?

„Och nö!", rief Fridolina lautstark nach dem Frühstück. Dabei stampfte sie so sehr mit dem Fuß auf, dass die kleinen Holzwürmer in den Dielen der Hexenhütte erschrocken erstarrten. „Taubnesseln sammeln ist soo langweilig! Kann ich nicht lieber dem Eichhörnchenbaby ein paar Haselnüsse bringen?" Fridolina zog sich die Kapuze ihres Kleides noch tiefer ins Gesicht.

„Du bist aber eine kleine *Kräuter*hexe, und Kräuterhexen sammeln nun mal Kräuter und damit basta! Sei doch froh, Taubnesseln sind das einzige Kraut, das du allein erkennst." Fridolinas Mama Lavendula sah sie mit diesem strengen Blick an, bei dem Widerworte nichts mehr ausrichten konnten, das wusste Fridolina schon. Als ihre Hexenmama ihr jedoch liebevoll die letzten ihrer grün gepunkteten Haarsträhnen unter die Kapuze schob, wollte Fridolina noch einen klitzekleinen Versuch wagen:

„Ich sammle ja Kräuter manchmal auch ganz gerne, Mama, wirklich! Allerdings gerade Taubnesseln, die mag ich nicht so … äh … hicks … hicks … hicksdi-hicksdi… hickshickshicks …"

„Oh, nein Frida Frechbeere!", so nannte ihre Mutter sie nur, wenn sie wirklich ärgerlich wurde, „jetzt haben wir den Salat! Du hast wieder diesen komischen Schluckauf, weil du ganz gewaltig rumflunkerst! Hier im Wald weiß nun wirklich jeder, dass du mit Kräutern nichts zu tun haben willst. Trotzdem holst du mir jetzt bitte die Taubnesseln, ich brauche sie dringend für die Besänftigungssuppe von Tante Eukalypta – sonst schimpft die wieder so viel mit Onkel Dillius rum!"

Immer noch leise vor sich hin hicksend, griff Fridolina endlich nach dem Kräuterkörbchen, das ihre Mutter ihr reichte. So richtig langweiliges Kraut sollte sie sammeln. Und das auch noch wegen der strengsten und merkwürdigsten aller ihrer Hexentanten. Viel lieber wollte sie niedliche Tiere sammeln. Aber das ging natürlich nicht.

Kurz huschte sie noch zu ihrer bunten Spielhütte neben dem braunen, windschiefen Haus ihrer Eltern. Sie wollte dort noch schnell nach dem Rechten sehen. Gestern hatte sie die kleine Spatzenfamilie zu Besuch gehabt und die hatten ihre Kekskrümel überall verteilt. Schnell schüttelte sie ihren Flickenteppich aus und breitete viele weiche Kissen in der himbeerfarbenen Hängematte aus. Heute Nachmittag wollte ihre Oma Thymiana zum großen Pudding-Feuerfest vorbeikommen, und dann sollte es richtig schön gemütlich sein.

Und weil Fridolina eine furchtbar tierliebe Hexe war, steckte sie sich schnell noch ein paar Leckerbissen für die kleinen Waldbewohner ein. Kaum hatte sie die Tür sorgsam verschlossen und war aus dem Kräutergarten

ihrer Eltern hinausgetreten, legte sie einen Käsehappen vor das Loch der Mäusefamilie, die gerade Mäusezwillinge bekommen und nicht genug Zeit zum Futtersammeln hatte. Sie lief weiter in den Wald hinein bis zum großen Farn und legte eine besonders schöne Tomate neben die schlafende Weinbergschnecke, damit sie später beim Besuch ihrer Schneckenschwester etwas Gutes zum Anbieten hatte. Zwei Haselnüsse legte sie an den Fuß des größten Baumes des Waldes, auf dem das Eichhörnchenbaby wohnte. Dann konnte sich Hörnchen seine Rascherei nachher selber in sein Nest holen.

Und welch ein Glück, Fridolina musste gar nicht lange nach dem langweiligen Kraut suchen. Denn als sie sich wieder aufrichtete, sah sie bereits ein großes Büschel Taubnesseln mit lilafarbenen Blüten nur wenige Meter weiter neben einer Tanne wachsen. Die erkannte sie sofort, weil sie

sie schon häufig gemeinsam mit ihrer Mutter für die Besänftigungssuppe ihrer Tante gepflückt hatte.

Summend lief sie hin und pflückte ein ordentliches Bündel der Wildpflanze. Dabei stieg ihr der zarte Honigduft der Blüte in die Nase. Dieses Wildkraut hatte zwar einen furchtbar langweiligen Namen, aber es roch wenigstens gut.

Das kleine Hexenmädchen hatte die Taubnesseln gerade in ihren Korb gelegt, als sie ein komisches Geräusch hörte. Schnarchte da etwa jemand mitten am Tag im Wald laut vor sich hin? Und was für ein lustiges Schnarchen es war! Wie eine Mischung aus

Brummen und Summen. Vorsichtig lugte Fridolina hinter der Tanne hervor. Da lag etwas Flauschiges ganz entspannt alle viere von sich gestreckt in einer kleinen Heckenecke und schnarchte fröhlich vor sich hin. Es sah wie ein Fuchs im Miniatur-Format aus und es würde ihr bestimmt nicht einmal bis zu den Knien gehen. Sie hatte gar nicht gewusst, dass es hier auf der Insel auch Zwerg-Tiere gab. Fridolinas Herz begann schneller zu schlagen.

    Der schnarchende, winzige Fuchs hatte auf der Stirn einen schmalen, weißen Streifen und seine Pfoten waren ebenfalls weiß. Fridolina hielt die Luft an, so süß sah er aus und so gemütlich schnuffelig, schnarchig hörte er sich an. Am liebsten hätte sie ihren Kopf auf sein wuscheliges Fell gelegt. Doch jetzt erschrak sie.

Füchschen in Gefahr

Da röchelte etwas laut im Dickicht neben dem Füchschen. Es raschelte und knackte und zwei sehr lange, spitze Zähne ragten aus dem Gebüsch. Dann schob sich ein dunkler, borstiger Kopf hinterher und mit einem Riesenknacken brach ein großes Wildschweinmännchen aus dem Unterholz hervor. Direkt vor dem schlafenden Füchschen. Ängstlich beobachtete die kleine Hexe das Gesicht des Wildschweins. War das etwa Wildschwein Willi Wütig? Fridolina hatte schon von ihm gehört. Man sagte, dass er dauernd Streit mit jemandem hatte. Dieser Willi wollte dem niedlichen Zwerg-Tier doch wohl nichts tun?

    Den Kopf gesenkt, seine großen, hervorstehenden Eckzähne auf das schlafende Füchschen gerichtet, trat das Wildschwein näher. Jetzt sah Fridolina erschrocken, dass sich seine Borsten angriffslustig aufstellten.

„He, du Schnarchnase, wo hast du Trudi versteckt? Wehe, du hast sie schon aufgefressen!" Mit diesen Worten trat das borstige Tier ganz nah an das Füchschen heran.

Der Zwergfuchs öffnete langsam seine Augen, die kugelrund vor Schreck wurden, als er das borstige Gesicht mit den langen Zähnen direkt vor seiner kleinen Nase sah. Mit zitternder Stimme hörte Fridolina den Fuchs sprechen: „Oh, äh, hallo Willi … Ich befinde mich hier gerade in einem kleinen Päuschen, musst du wissen. Aber sei versichert, ich kenne keine Dame namens Trudi. Und ganz sicher würde es mir nicht einfallen, sie etwa auch noch zu verspeisen. Ähem, wer ist denn überhaupt diese Trudi? Ich …"

Doch weiter konnte der Fuchs nicht sprechen, denn das Wildschwein unterbrach ihn schnell: „Tu nicht so unschuldig! Huhn Trudi ist meine einzige Freundin und jetzt ist sie weg! Und dich habe ich heute Morgen in ihrer Nähe herumstromern sehen! Los, führ mich zu deinem Versteck, sonst kannst du grunzig was erleben!" Daraufhin begann das Wildschwein tatsächlich das kleine Füchschen mit seinen hervorstehenden Seitenzähnen zu piksen.

„Aua, lass das! Ich hab dir doch schon gesagt, dass ich das Hühnchen nicht einmal kenne. Dich und

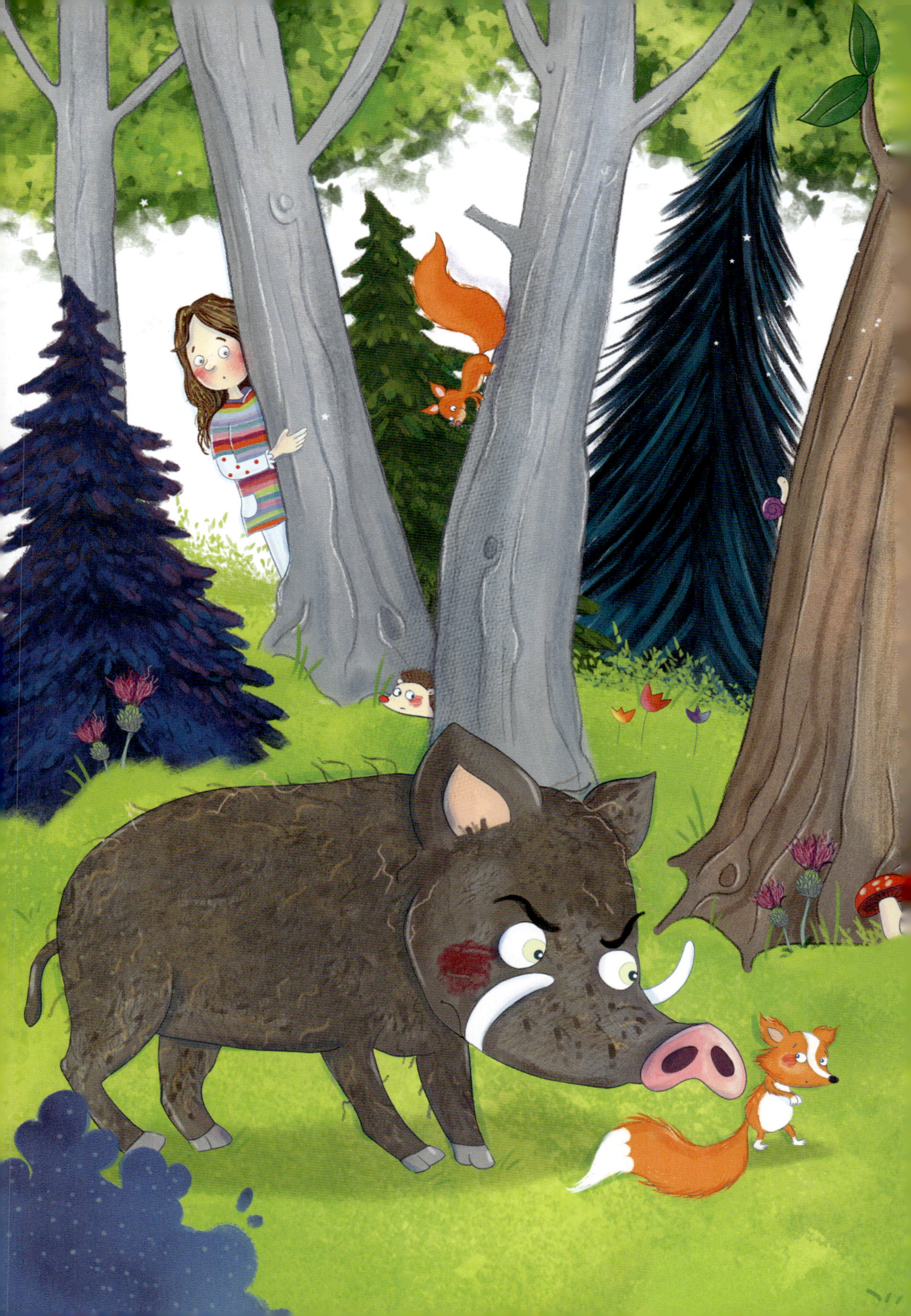

deine Freundin Trudi würde ich ganz sicher nicht betrüben wollen, ganz schniefig ehrlich!", traute sich der Fuchs noch zu jammern. Doch Willi schnaufte immer noch wütend. Schnell versuchte sich das Füchschen an ihm vorbeizudrücken, aber Willi stellte sich ihm in den Weg.

Fridolina wurde himbeerrot vor Wut. Das Füchschen tat ihr leid. Man sah doch, dass es viel zu klein war, um ein ausgewachsenes Huhn einfangen oder gar essen zu können. Es war ja selbst gerade mal so groß wie ein kleines Huhn. Sie glaubte dem Füchslein. Wenn sie doch nur einen ordentlichen Zauber könnte, um ihm zu helfen. Denn ohne Zauberei konnte sie nicht einfach hinter dem Baum hervorspringen. Dann konnte es sein, dass das Wildschwein sie selbst auf seine scharfen Eckzähne nahm. Es schien ganz schön wütend zu sein.

Als das Füchschen aber erneut laut wimmerte: „Aua, aua-schnief, lass das! Ich kann dir kein Hühnchen geben, weil ich kein Hühnchen habe, jetzt versteh das doch bitte schön!", hielt Fridolina es nicht länger aus. Wenigstens irgendetwas wollte sie versuchen. Das war so gemein! Sie zückte ihren kleinen Teleskop-Zauberstab, fuhr ihn aus und richtete ihn genau auf das Wildschwein. Dann begann sie Kräuternamen zu murmeln, wie sie ihr gerade einfielen: „Silien-Peter, Older-Wach und … ähm … Lauchi-Schnitt … ich wünsche mir, dass das Wildschwein sich in Luft auflöst … und zwar krautgeschwind!"

Natürlich passierte nichts. Zum einen hatte sie wie immer die Kräuternamen verdreht, und zum anderen konnten Kräuterhexen und ihre Zauberstäbe – soweit sie wusste – gar keinen Verschwindezauber. Wenn sie doch nur herausfinden könnte, was genau das Wildschwein dachte und jetzt wohl mit dem Füchschen vorhatte …

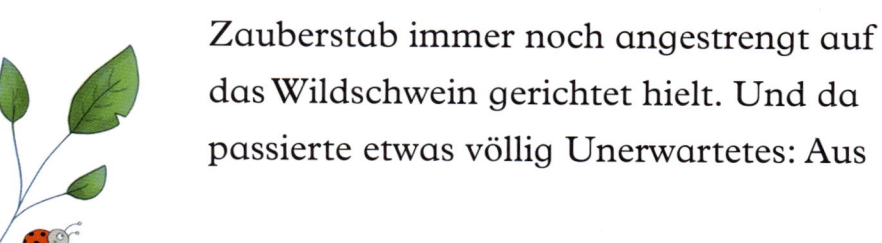

Fridolina merkte selber nicht, dass sie ihren Zauberstab immer noch angestrengt auf das Wildschwein gerichtet hielt. Und da passierte etwas völlig Unerwartetes: Aus

ihrem Zauberstock drangen merkwürdige Geräusche. Ein Knistern und Rauschen, so als wäre der Zauberstab eine Antenne, mit der sie etwas empfangen konnte. Fridolinas Beine wurden butterweich vor Aufregung. Noch nie war ihr Zauberstab zu irgendetwas nützlich gewesen. Sie legte sich das Zauberstabende ans Ohr. Und fast wäre sie aus ihren kleinen Hexen-Schuhen gekippt, denn nun vernahm sie ein *Murmeln* aus dem Inneren des Stabes. Es klang genauso wie die tiefe Stimme des Wildschweins, nur viel, viel leiser. Und was sie jetzt hörte, war höchst erstaunlich:

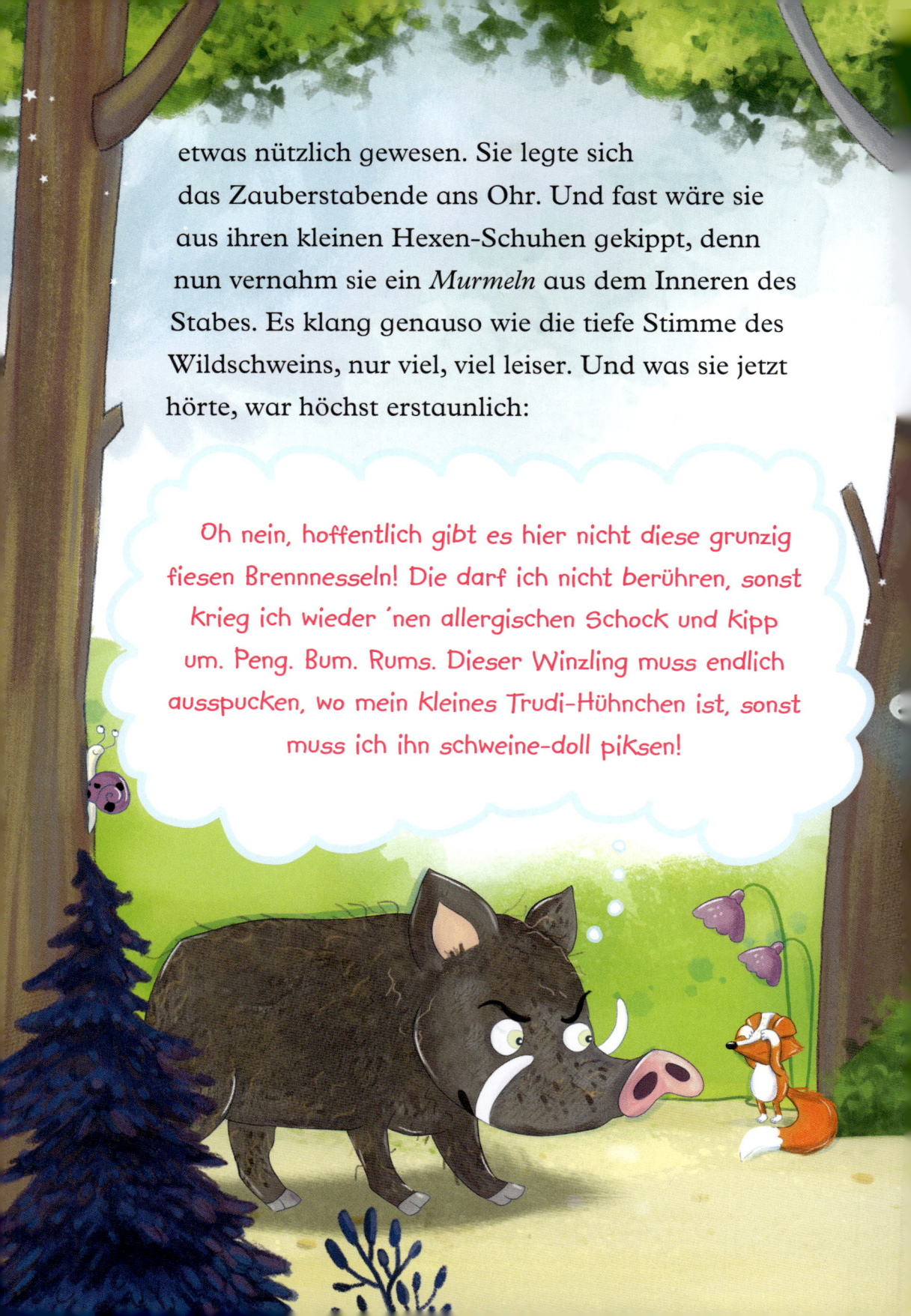

Oh nein, hoffentlich gibt es hier nicht diese grunzig fiesen Brennnesseln! Die darf ich nicht berühren, sonst krieg ich wieder 'nen allergischen Schock und kipp um. Peng. Bum. Rums. Dieser Winzling muss endlich ausspucken, wo mein kleines Trudi-Hühnchen ist, sonst muss ich ihn schweine-doll piksen!

Fridolina zitterten die Knie vor Aufregung. Sie hatte wirklich und wahrhaftig mit ihrem Zauberstab die Gedanken des Wildschweins lesen können. Wie war das möglich? Aber nun gut, sie musste sich jetzt weiter darauf konzentrieren, dem Füchslein zu helfen. Hatte das Wildschwein sich nicht eben daran erinnert, dass es allergisch gegen Brennnesseln war? Und – oh Wunder! – hatte sie selbst nicht gerade genau solche Brennnesseln gesammelt? Fridolina

konnte sich die Namen von langweiligen Kräutern zwar schlecht merken, aber jetzt war sie sich fast sicher: Sie besaß hier zufällig genau das Kraut, mit dem sie das kleine Füchslein retten konnte. *Sonst muss ich ihn schweine-doll piksen,* hatte das Wildschwein gedacht. Wollte es dem kleinen, niedlichen Tier etwa so richtig wehtun? Bei dem Gedanken rieselte es dem Hexenmädchen eiskalt den Rücken hinunter. Energisch griff sie in das Körbchen und nahm das gesamte Pflanzenbündel heraus. Wie ein Kampfschild hielt sie sich das Büschel vors Gesicht. Dann nahm sie all ihren Mut zusammen und trat damit hinter dem Baum hervor und auf das Wildschwein zu.

Ein guter Trick

„Verschwinde du äh – wildes Schwein, sonst bewerfe ich dich mit diesen schlimmen Brennnesseln und dann fällst du um, so richtig schnell und bum!", rief Fridolina so mutig und laut sie nur konnte. Sie hoffte, dass das Wildschwein nicht bemerkte, dass das Pflanzenbüschel furchtbar wackelte, weil ihre Hände so zitterten.

Dann kam ihr noch eine Idee: Sie konnte ja schnell ein paar von den Nesseln auf das Füchschen werfen. Dann wagte das Wildschwein bestimmt nicht mehr, es anzurühren, oder? Gedacht, getan. Wenige Sekunden später lag das Füchschen unter einer kleinen Nesselmatte. Seine Augen wurden wieder kugelrund vor Verwunderung, als es zu Fridolina hochblickte. Doch es sagte nichts.

Beflügelt von ihrer guten Idee, wagte es Fridolina jetzt, noch ein Stückchen weiter auf das Wildschwein zuzutreten. Sie riss ihren Arm hoch, als wollte sie die übrig gebliebenen Nesseln mit einem Schwung auf das Wildschwein werfen.

Und wirklich, oh Wunder, die Borsten des Schweins glätteten sich ängstlich und es trat zurück. Doch plötzlich erleuchtete ein wütendes Glühen seine Augen. Mit ärgerlicher Stimme rief es:

„Fast wäre ich darauf hereingefallen, du komisches kleines Ding. Was du da hast, sieht Brennnesseln grunzig ähnlich, aber Brennnesseln haben doch keine lilafarbenen Blüten. Außerdem könntest du die gar nicht festhalten, die würden schweineschlimm brennen in deiner Hand!"

Schon trat das Wildschwein mit grimmig flackernden Augen auf sie zu, als wollte es sie nun auch noch mit seinen Riesenzähnen piksen. Das kleine Hexenmädchen wurde vor Schreck so weiß wie der hellste Weißkrautpudding ihrer Oma. Oh weh, jetzt fiel es ihr auch auf: Sie hatte die Kräuternamen mal wieder verwechselt! Sie hatte ja Nessel-taub – äh, Taubnesseln in der Hand und keine Brennnesseln. Und dagegen war das Wildschwein gar nicht allergisch. Was sollte sie jetzt bloß tun? Ihre angebliche „Waffe" gegen das Wildschwein war nur ein harmloses Suppenkraut.

Doch da setzte plötzlich ein ohrenbetäubendes Jammern ein. Das Füchslein schrie: „Aua, autschijama, Hiilfe, das brennt, das brennt auf einmal teuflisch los … nehmt das furchtbare Kraut von meinem Bauch … Hilfe, ich verbrenne! Nur gefährliche Zauberer können es in der Hand halten, ohne Schmerzen zu spüren … Auaaaaaaaaaaaaaaaaaa!" Und dann hörte das Füchschen gar nicht mehr auf zu schreien.

Die Augen des Wildschweins zuckten nervös. Entsetzt blickte es auf die Taubnesseln in Fridolinas Hand, als besäßen sie die teuflischste Zauberkraft der Welt. Dann schnellte es mit aufgerissenen Augen herum und raste so eilig davon, dass es eine kleine Staubwolke hinterließ.

Auaaaaaaaaa!

Zum Glück war das Wildschwein vertrieben, aber was war nur mit dem Füchschen los? Fridolina verstand überhaupt nicht, wieso die Pflanzenteile auf seinem Fell brannten, wenn es doch gar keine Brennnesseln waren? Der ganze Körper des Fuchses wackelte jetzt sogar unter den Nesseln. Besorgt kniete sich Fridolina zu ihm runter und nahm ihm schnell die Nesseln ab. Aber als das kleine Gesicht des Füchschens wieder richtig zum Vorschein kam, sah sie, dass das Tier so sehr kicherte, dass sein ganzer Körper vibrierte. Es schüttelte die restlichen Nesseln ab und sagte: „Hihi, schnief-schnuff, du bist ja von der ganz mutigen Sorte. Tust einfach so, als hättest du *Brennnesseln* in der Hand, obwohl du nur harmlose *Taubnesseln* besitzt. Das war sehr schlau. Da musste ich dann nur noch so tun, als ob die mich wirklich wie verrückt brennen … hihi, und schon haben wir das Riesentier in die Flucht geschlagen, einfach schnuffel-fantastisch! Aber es war schon auch irgendwie schniefig-merkwürdig, dass das Wildschwein so eine Angst vor Brennnesseln hatte … An und für sich sind diese borstigen Tiere mit ihrer dicken Haut ja nicht so empfindlich!"

Fridolina bekam zum zweiten Mal an diesem Tag einen himbeerroten Kopf. Diesmal, weil es ihr ganz schön peinlich war. „Ähem", ihre Stimme ließ sich gar nicht richtig laut stellen, und so krächzte sie wie ein kaputtes Radio weiter, „äh, ich dachte, also ehrlich gesagt, hatte ich die Namen von den Nesseln ein wenig, äh also leicht verwechselt und gedacht, ich hätte wirklich *Brennnesseln* in der Hand …"

Das Füchschen hörte auf zu kichern und sah sie mit seinen hellbraunen Augen groß an: „Wirklich? Ich war eigentlich schniefig sicher, dass es auf dieser Insel nur *Kräuterhexen* gibt. Die kennen sich ja eigentlich mit Pflanzen ganz vorzüglich aus. Bist du denn gar keine richtige Kräuterhexe?"

Das Füchslein robbte etwas dichter an Fridolina heran und legte vertrauensvoll seinen Kopf an ihr Bein, während es zu ihr hochblickte. Das Hexenmädchen nahm ihn auf den Schoß und strich ihm übers zarte Fell. Durch die Taubnesselblüten, die auf ihm gelegen hatten, ging ein angenehmer Honigduft von ihm aus. Aber wie sollte sie ihm bloß erklären, worüber ihre ganze Familie sich wunderte? Dass sie sich kein einziges Kraut merken konnte, und dass, egal was sie ausprobierte, jede ihrer Kräuterhexensuppen aussah wie zermatschter Wurstsalat. Natürlich ohne die geringste magische Wirkung zu haben, einfach nur eklig?

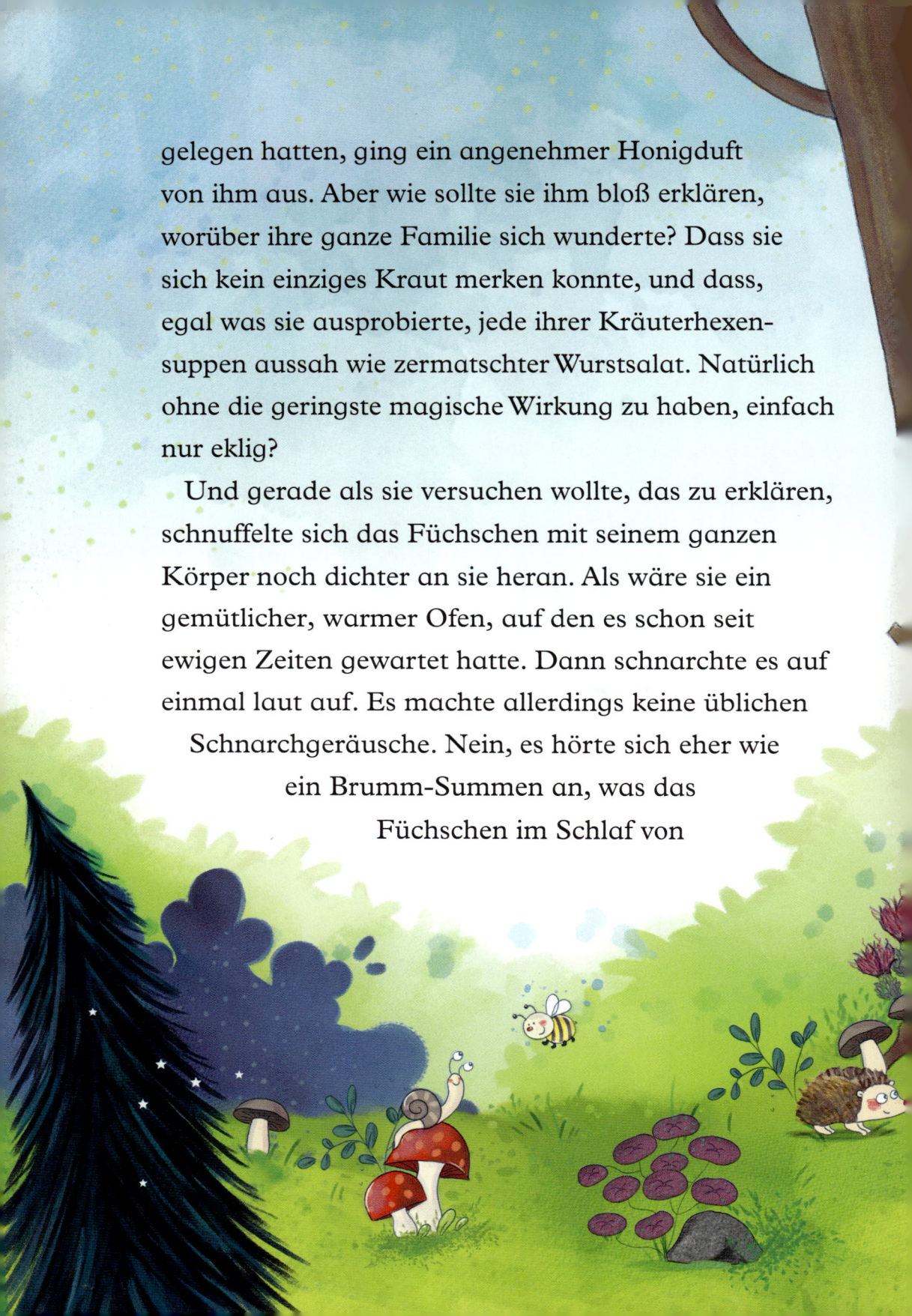

Und gerade als sie versuchen wollte, das zu erklären, schnuffelte sich das Füchschen mit seinem ganzen Körper noch dichter an sie heran. Als wäre sie ein gemütlicher, warmer Ofen, auf den es schon seit ewigen Zeiten gewartet hatte. Dann schnarchte es auf einmal laut auf. Es machte allerdings keine üblichen Schnarchgeräusche. Nein, es hörte sich eher wie ein Brumm-Summen an, was das Füchschen im Schlaf von sich gab. Es begann mit einem sehr tiefen „Briii-Bruuu Braaa-Bruuu", auf das ein hohes „Siii-Suuu Saaa-Suuu" folgte. Das wiederholte das Füchschen gleichmäßig. Dabei kitzelte sein Atem angenehm Fridolinas Hände, und sie musste aufpassen beim Kichern nicht zu wackeln, denn sie wollte den Kleinen ja nicht aufwecken. Und jedes Mal, wenn sie dachte, dass sie nun aufstehen müsste, um ihrer Mama die Taubnesseln zu bringen, schnuffelte sich der kleine Fuchs noch dichter an sie heran. Als wollte er sagen: „Geh jetzt bloß nicht weg, gerade jetzt, wo es sooo oberschnuffel-gemütlich ist."

So blieb Fridolina noch eine ganze Stunde lang sitzen und betrachtete den kleinen Zwergfuchs haargenau. Noch nie hatte sie sich so sehr gewünscht, dass ein Tier für immer bei ihr bleiben würde. Plötzlich jedoch begann der kleine Fuchs zu zucken und laut zu stöhnen.

Was ist bloß mit Willi los?

Fridolina rüttelte ein wenig an dem kleinen Zwergfuchs, um ihn aufzuwecken.

„Was'n los?", fragte das Füchschen und sah sie aus einem Auge ganz verschlafen an.

„Du stöhnst im Schlaf. Tut dir was weh?"

„Nöö, glaube nicht … Briii-Bruuu Braaa-Bruuu, Siii-Suuu Saaa-Suuu", und schon war es wieder eingenickt.

Doch nach kurzer Zeit begann das Füchschen im Schlaf wie in höchster Not zu rufen: „Hilfe, oh weh, oh nein, oh Schreck …!", und dabei zitterte es am ganzen Leib.

Flink holte Fridolina ihren Zauberstab hervor, fuhr ihn aus und versuchte sich durch höchste Konzentration in seine Gedanken einzuhaken. Das hatte doch beim Wildschwein auch geklappt … Und wirklich, es funktionierte erneut! Fridolina sah, dass das Füchschen gerade von einem gigantischen Wildschwein träumte, das so groß wie ein Wolkenkratzer war und sich mit seinem Riesen-Po voller Schwung auf es draufsetzen wollte.

„Alles gut, du kleiner Schnuffelschnarch", murmelte sie dem kleinen Tier schmunzelnd ins Ohr, „so große Wildschweine gibt es ja gar nicht. Du träumst nur!"

Da erwachte das Füchslein und wunderte sich: „Huch, woher weißt du, *was* ich träume?"

So kam es, dass Fridolina ihm stockend von ihrer besonderen Gabe erzählte.

Interessiert beschnüffelte der Fuchs ihren Zauberstab. „Hm ... Also du kannst kein Kraut erkennen, aber dafür

Gedanken von Tieren lesen? Sehr beeindruckend und magisch! Ja, das ist sogar schniefig-genial! Ehrlich! Ich kenne niemanden, der *das* kann!"

Fridolina wurde wieder himbeerrot, diesmal vor Freude. Sonst fanden nämlich alle das nie so genial, was sie machte. Sie drückte ihr Gesicht in das dicke Fell des Fuchses und murmelte: „Und du bist so ein oberhexig wunderbarer Schnuffelschnarch!"

„Hihi", meinte der Fuchs, „eigentlich hat man mich ja auf den etwas langen, vornehmen Namen

Waldiger Buntbart Weißpfötchen von Fuchshausen getauft. Aber *Schnuffelschnarch* hört sich viel lustiger und gemütlicher an!" Und dann schnuffelte er seine Nasenspitze in Fridolinas Hände und sah glücklich zu ihr hoch.

Fridolina wollte Schnuffelschnarch gerade ganz fest an sich drücken, als beide erstarrten. Der Boden bebte. Lautes Fußgetrappel und ein ohrenbetäubendes Gackern näherten sich ihnen.

„Hilfe, ich glaube, Wildschwein

Willi kommt zurück", wisperte Fridolina dem Füchschen ins Ohr. Augenblicklich begann Schnuffelschnarch zu zittern. Er rief: „Wir müssen abhauen! Vielleicht hat er den Trick mit dem Kraut schon durchschaut und ist nun besonders wütend auf uns!"

Jetzt sahen sie Willi genau auf sich zusteuern, während er wild etwas kleines Weißes verfolgte. Fridolina und Schnuffelschnarch sprangen panisch auf, doch da sahen sie, dass das kleine, weiße Tier scharf abbog und sich mit dem Wildschwein im Schlepptau wieder von ihnen entfernte.

Bei der ganzen Raserei sahen Willi Wütig und das fedrige Tier erstaunlich fröhlich aus.

Verwundert blickten sich Fridolina und der Fuchs an.

„Hinter wem oder was läuft Willi da eigentlich her?", überlegte das Füchschen laut.

„Ist das vielleicht Huhn Trudi? Ich glaube hier gibt es nämlich nur ein Huhn", meinte Fridolina aufgeregt. „Guck mal, jetzt haben sie eine Vollbremsung gemacht und sich ins Gras geworfen."

„Meinst du, dass Trudi in Wirklichkeit gar nicht verschwunden war und Willi das alles nur gespielt hat, um mich zu ärgern? Das würde ihm ähnlich sehen! Er sucht immer Ärger!" Mit einem kleinen Satz hüpfte das Füchschen Fridolina auf den Arm und kuschelte sich empört an sie, während es das Wildschwein samt Huhn nicht aus den Augen ließ.

„Hm … Das wäre aber wirklich richtig gemein …" Fridolinas Nase wurde ganz kraus vom angestrengten Nachdenken. „Aber sieh doch mal, wie nett Willi jetzt mit dem Huhn spielt. Er ist ganz vorsichtig mit ihm und lässt es auf seinem Rücken reiten – und jetzt hüpft das Huhn sogar auf seinem *Kopf* herum. Und Trudi sieht ganz vergnügt dabei aus. Sie lacht und gackert sich schlapp", murmelte Fridolina Schnuffelschnarch nachdenklich ins Ohr. „Das passt alles irgendwie nicht zusammen. Warte mal.«

Behutsam setzte sie den Fuchs auf den Waldboden und holte ihren Zauberstab heraus. Angestrengt hielt sie ihn auf das Wildschwein, bis der Stab zu zittern begann. Dann legte sie ihr Ohr daran. Und was sie nun hörte, erstaunte Fridolina sehr. Sie hörte, wie das Wildschwein dachte:

Oh Mann, der Fuchs hatte Trudi wirklich nicht gestohlen. Wie grunzig peinlich! Warum muss ich auch immer gleich so ausrasten. Vielleicht hat Oma Wildschwein recht, und es wollen mich gar nicht immer alle ärgern, weil ich so borstig bin. Obwohl ich schon komisch aussehe. Und mich lädt ja auch nie jemand ein. Außer Trudi spielt überhaupt niemand mit mir. Hach ich wünschte, ich hätte so weiches Gefieder wie Trudi, so weiß und schön. Die Trudi muss einfach jeder gerne haben. Seufz.

Fridolina wurde ganz blass vor Schreck. Es war kaum zu ertragen, wie schlecht der arme Willi über sich selbst dachte. Er wollte lieber Federn statt Borsten haben? Und niemand lud ihn ein? Kein Wunder, dass er traurig und wütend war. Das würde Fridolina auch zu schaffen machen!

In diesem Moment sprangen Willi und Trudi aus dem Gras auf und rannten kichernd auf Fridolina und

Schnuffelschnarch zu. Trudi zwickte Willi dabei in die Hinterbeine und Willi trat lachend nach ihr, sodass es aussah, als würde Willi einen kleinen Tanz aufführen. Plötzlich pickte Trudi Willi in den Bauch, sodass das Wildschwein alle viere in die Luft warf und mit einer kleinen Bauchlandung direkt vor Schnuffelschnarchs Vorderpfoten landete. Als das Wildschwein langsam aufblickte und erkannte, wer da vor ihm stand, hörte es sofort auf zu kichern und wurde knallrot.

„Oh, äh, hallo kleiner Fuchs, da bist du ja wieder. Ähem, räusper, räusper … Also ich muss dir wohl mal die größte Schweine-Entschuldigung der Welt sagen. Das war ein grunzig peinlicher Irrtum, ehrlich! Trudi, das verrückte Huhn, saß die ganze Zeit auf der Fensterbank von Kräuterhexe Eukalypta und hat dort versucht, ein *Porzellanei* auszubrüten! Da wäre ich nie draufgekommen. Deshalb ein großes Schweine-Pardon von mir!"

Schnuffelschnarch nickte langsam und nahm Willis Entschuldigung überrascht an. Doch mit dem, was Fridolina dann sagte, schien Schnuffelschnarch so gar nicht einverstanden, denn er wurde fast so blass wie seine Pfötchen. Fridolina lud jetzt nämlich nicht nur Schnuffelschnarch, sondern auch Willi und Huhn Trudi zu dem Pudding-Feuerfest mit ihrer Oma heute Nachmittag ein.

Eine kleine Tierhexe?

„Bist du verrückt geworden?", stammelte Schnuffelschnarch, nachdem Willi und Trudi die Einladung höchst überrascht, aber strahlend angenommen hatten und wieder im Wald verschwunden waren. „Willi Wütig ist voll gefährlich. Den kannst du doch nicht einladen! Den lädt niemand ein!"

Da hockte sich die kleine Hexe neben ihn und erzählte leise, was sie eben in Willis Gedanken gelesen hatte. Und dass es vielleicht helfen konnte, wenn sie beide ihm mal zeigen würden, dass sie ihn gar nicht so hässlich und doof fanden. Vielleicht würde Willi sich dann besser fühlen und nicht immer so schnell wütend werden.

Mit verwunderten Augen sah der Zwergfuchs das kleine Hexenmädchen an. Dann legte er seinen Kopf in Fridolinas Schoß und flüsterte: „Hm, ich wäre allein niemals draufgekommen … aber vielleicht hast du recht! Langsam glaube ich, dass du in Wirklichkeit gar keine Kräuterhexe, sondern eine kleine *Tierhexe* bist! Du kannst mit Tieren sprechen und jetzt kannst du auch noch ihre Gedanken lesen! Und immer helfen willst du ihnen auch. Übrigens: Tierhexen mag ich natürlich schniefig viel lieber als Kräuterhexen, wusstest du das eigentlich schon? Kräuterhexen sind ja total petersilien-langweilig dagegen!"

Fridolina merkte, wie ihr Herz vor Aufregung schneller schlug. Und auch ihr Zauberstab blinkte plötzlich golden auf. Schnuffelschnarch hielt sie wirklich und wahrhaftig für eine Tierhexe! Und Fridolina wusste auf einmal ganz genau, dass sie nichts lieber als das sein wollte. Deshalb verdrehten sich ihr vielleicht immer alle Kräuternamen im Mund und alle Kräutersuppen schmeckten so, als sollte sie unbedingt aufhören, sie zu kochen! Weil sie eine *Tierhexe* war und keine Kräuterhexe! Fridolina schloss glücklich die Augen. Dabei legte sie ihre Hand sanft auf Schnuffelschnarchs Kopf und drückte mit der anderen Hand den immer noch golden blinkenden Zauberstab fest an sich.

Das Füchslein hingegen schniefte müde auf. „Geh du mal schnell vor, ich komme später nach – muss mich nur noch ganz kurz ausruhen – Mann war das schnuffel-aufregend … Briiiii-Bruuuu …" Und dann begann Schnuffelschnarch schon wieder selig im Moos zu schnarchen.

Fridolina streichelte ihm noch einmal sanft übers weiche Fell. Dann rannte sie nach Hause, um ihrer Mama endlich die Taubnesseln zu bringen. Denn die wollte die Besänftigungssuppe ja noch schnell vor dem

Pudding-Feuerfest zubereiten, um sie zu Onkel Dillius und Tante Eukalypta zu bringen. Dabei wünschte sich Fridolina bei jedem Schritt mehr, den sie sich von Schnuffelschnarch entfernte, dass auch wirklich alle drei Tiere heute Nachmittag kommen würden und bloß alles gut ginge!

Das Pudding-Feuerfest

Am späten Nachmittag feierten sie das Pudding-Feuerfest mit Oma Thymiana. Außer Fridolina und ihren Eltern kamen auch noch eine ungewöhnlich sanfte und freundliche Tante Eukalypta samt einem glücklichen Onkel Dillius.

Und wirklich und wahrhaftig erschienen auch noch Schnuffelschnarch, Willi Wütig und das Huhn Trudi am Waldrand. Die Hexenfamilie, die auf bunten Decken um die kleine Feuerstelle neben Fridolinas Spielhütte herumsaß und gerade dabei war, Omas besten Kräuterpudding zu probieren, staunte nicht schlecht, dass Fridolina gleich drei neue Tiere an einem einzigen Tag kennengelernt hatte. Deren Namen nannte Fridolina ihnen nun stolz. Zunächst allerdings trauten sich die Tiere nicht näher an die kleine Hexen-Gesellschaft heran und blieben lange am Waldrand

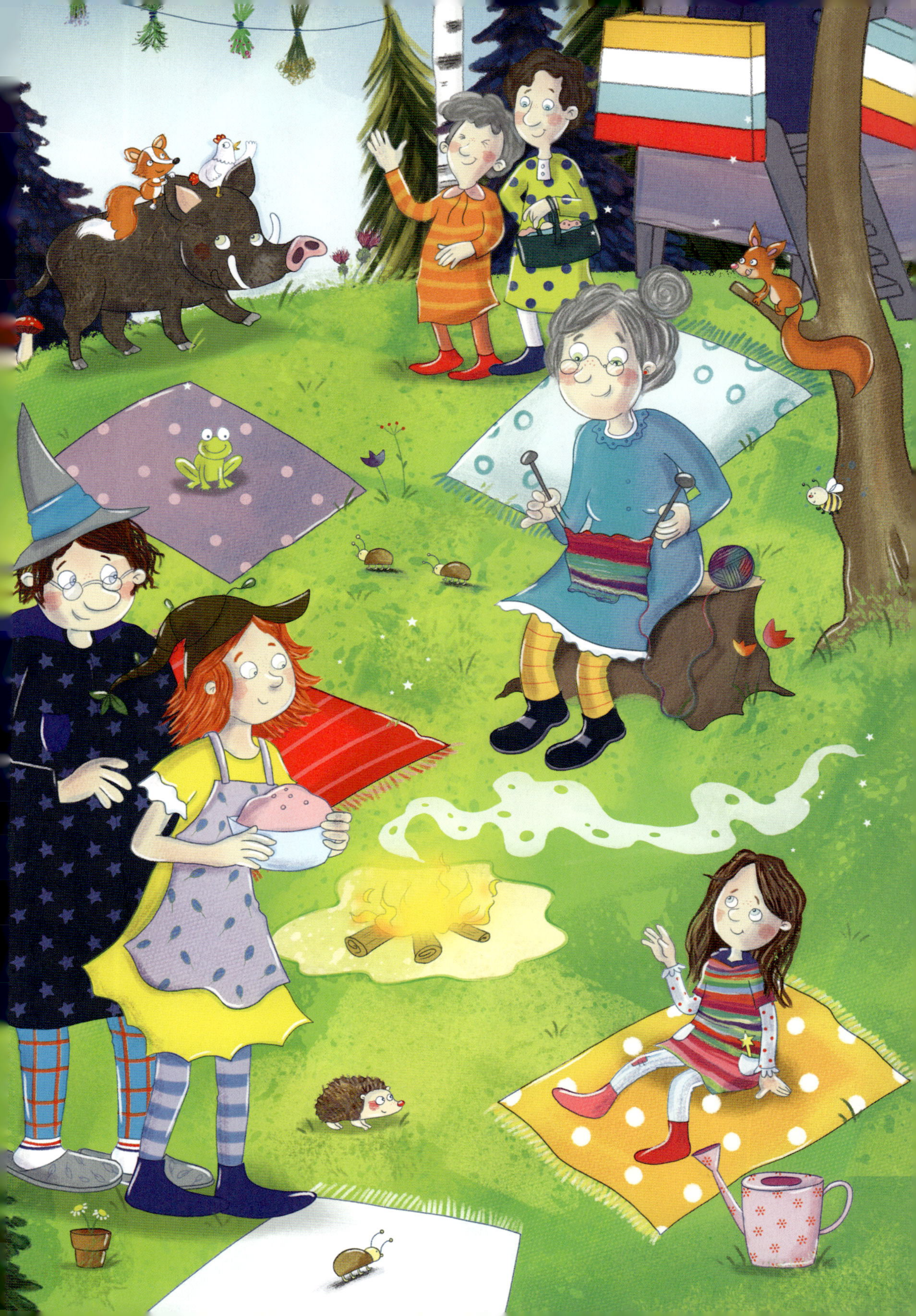

stehen. Doch als Oma Thymiana Fridolinas traurigen Blick auffing, zückte sie ihre Zauberstricknadeln und fragte jedes Tier am Waldrand laut, was für Socken es gerne hätte. Und wirklich, da traten alle drei zögernd näher und ein jeder ließ sich Pfoten, Krallen oder Hufe vermessen. Socken hatten sie nämlich noch nie besessen. Und da Oma Thymiana einen Trick kannte, wie sie beim Vermessen herrlich kitzeln konnte, gackerten und kicherten bald alle drei lauthals los – nein, sogar alle vier lachten, dass die Feuerflammen nur so wackelten, denn Fridolina wollte natürlich auch herrliche neue Strümpfe. In Hexengeschwindigkeit fabrizierte Oma Thymiana ein Paar Socken nach dem anderen. Kurz darauf tobten Willi, Trudi, Schnuffelschnarch und Fridolina auf bunten Socken durch den Kräutergarten und spielten so wild Socken-Ticken, dass sogar die Kräuter unauffällig ihre Blütenköpfe schüttelten.

Als am Abend alle nach Hause mussten und sich herzlich für das tolle Fest bedankten, hüpfte Schnuffelschnarch Fridolina noch einmal auf den Arm. Sie legte ihren Kopf auf sein Fell und der kleine Fuchs wisperte ihr ins Ohr: „Sag mal, Fridolina, kann deine Oma eigentlich auch Körbchen stricken? Eins, das wir neben dein Bett stellen könnten … Ich vermute, dass begabte Tierhexen immer einen Zwergfuchs an ihrer Seite brauchen, um richtig gut arbeiten zu können!"

Und da blinkte nicht nur der Zauberstab golden auf. Auch Fridolinas Pünktchen im Haar erstrahlten einen Moment lang so golden wie die Sterne, die langsam am Himmel erschienen. Das war die wunderbarste Idee aller Hexenzeiten!

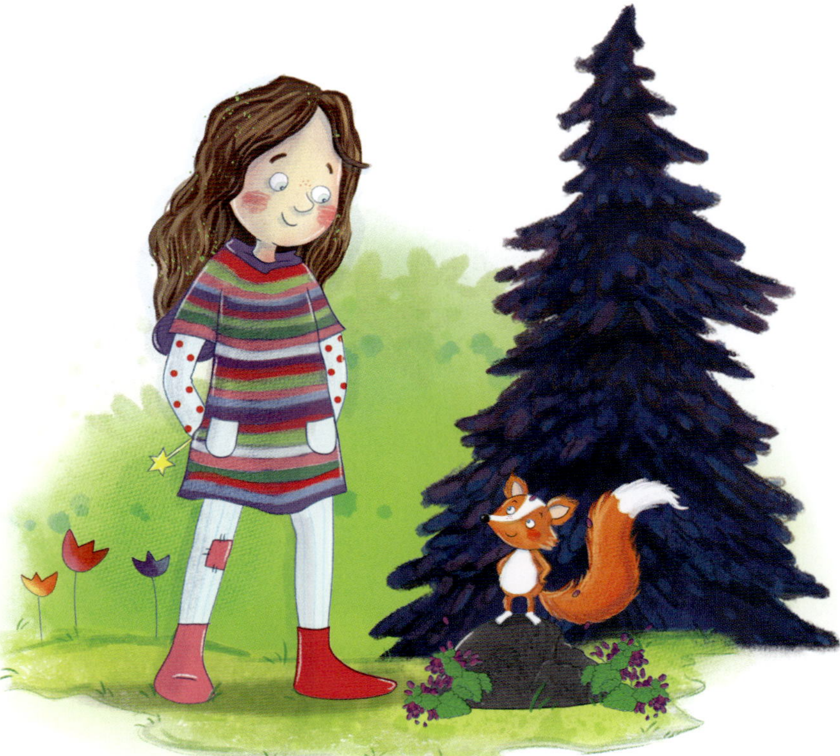

Die Autorin

ANKE GIROD arbeitete als Lehrerin. Außerdem begleitete sie als Coach Lehrer, Referendare und Eltern und unterrichtete als Lehrbeauftragte an der Universität in ihrem Fachgebiet der konstruktiven Kommunikation. Egal, ob als Lehrerin oder Autorin: Sie liebt es, Kindern Mut zu machen, an sich zu glauben und ihren ganz eigenen Weg zu finden. Anke Girod lebt mit ihrem Mann, ihren beiden Kindern und einem Kater in Hamburg.

Foto: © steffishots – Stefanie Brügge-Kühl

Die Illustratorin

SABINE SAUTER lebt mit ihren zwei Töchtern, Ehemann und Hund in Süddeutschland. Ihre Leidenschaft für schöne Bücher und wundervolle Illustrationen nährte den Traum, eines Tages selbst Bücher zu illustrieren. Nach ihrem Abschluss in Grafikdesign konnte sie diesen Traum Wirklichkeit werden lassen.

Foto: © privat

Anke Girod · Sabine Sauter

Fridolina Himbeerkraut – Die Schlafanzug-Versammlung

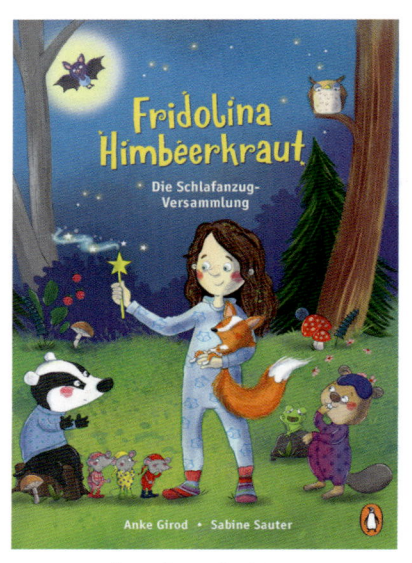

Ab 4 Jahren, 80 Seiten,
ISBN 978-3-328-30003-8

Fridolinas Zwillingstanten laden zu ihrem 125. Geburtstag ein. Doch was ist das? Alle Tanten und Hexen schnarchen mitten am Tag auf der Picknickwiese vor sich hin. Wie sich herausstellt, haben sie seit drei Tagen kein Auge mehr zugemacht, wegen des ohrenbetäubenden Lärms, der jede Nacht aus dem Hokuspokuswald zu ihnen dringt. Auch in der nächsten Nacht finden die Inselbewohner keinen Schlaf. Als der Verdacht auf Eichhörnchen Knatterella fällt, steht für Zwergfuchs Schnuffelschnarch fest: Jetzt kann nur Fridolina helfen, schließlich ist sie eine echte Tiermagierin. Und tatsächlich: Fridolina hat da schon eine Idee …

Anna Taube (Hg.) · Sandra Kissling
So schön ist die Welt ...

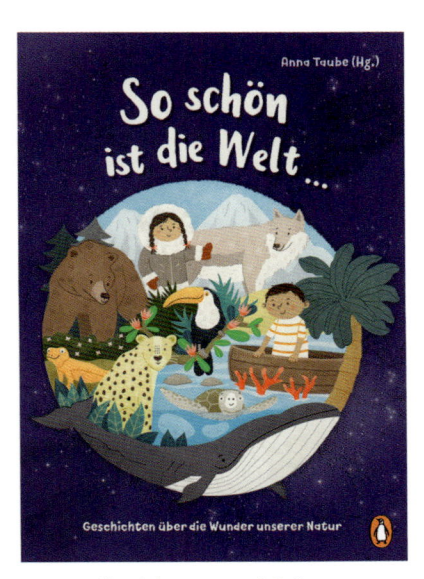

Ab 5 Jahren, ca. 128 Seiten,
ISBN 978-3-328-30016-8

Die Welt ist schön! Noch ... Noch gibt es wunderbare Rückzugsorte für Tiere, wertvolle Lebensräume für Menschen, Nischen für Pflanzen und Kleinstlebewesen. In den vierfarbig illustrierten Geschichten wird Kindern und ihren Familien die Schönheit unseres Planeten gezeigt und die Wichtigkeit, diese zu erhalten. Nach dem Motto »Man liebt nur, was man kennt. Und man schützt nur, was man liebt« schreiben 11 renommierte Kinderbuchautoren positive und ermutigende Geschichten über die verschiedensten Regionen der Erde. Mit Tipps, was Kinder und Eltern auch im Kleinen für unsere Umwelt tun können.
Mit Beiträgen von Nina Blazon, Sven Gerhardt, Anke Girod, Andreas Hüging und Angelika Niestrath, Katja Ludwig, Usch Luhn, Bettina Obrecht, Gesa Schwartz, THilo, Susanne Weber

Lucinda Riley · Harry Whittaker
Marie Voigt

Deine Schutzengel – Hab keine Angst, wenn's dunkel ist

Ab 4 Jahren, 64 Seiten,
ISBN 978-3-328-30015-1

»Wenn du Angst hast und deine Beine sich wie Wackelpudding anfühlen, dann kannst du einen Schutzengel um Hilfe bitten. Denn es gibt nichts Schöneres für einen Engel, als Menschen zu helfen. Und ›unmöglich‹ ist ein Wort, das Engel nicht kennen ...«

Ein anderes Haus und das neue Zimmer voller unausgepackter Kartons: Hier ist alles so ungewohnt für Ben! Ein gemütliches Zuhause-Gefühl hat er noch ganz und gar nicht. Und als er dann in der Nacht von einem unheimlichen Geräusch geweckt wird, möchte er nur noch zurück in die Stadt. Zum Glück hört Taluna, der Traumengel, von Bens dringendstem Herzenswunsch. Und sie weiß auch schon genau, wie sie Ben helfen kann ...

Bei diesem Buch wurden die durch das verwendete Material und die Produktion entstandenen CO_2-Emissionen ausgeglichen, indem Penguin Junior ein Projekt zur Aufforstung in Brasilien unterstützt. Weitere Informationen zu dem Projekt unter: www.ClimatePartner.com/14044-1912-1001

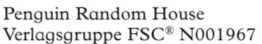

Sollte diese Publikation Links auf Webseiten Dritter enthalten, so übernehmen wir für deren Inhalte keine Haftung, da wir uns diese nicht zu eigen machen, sondern lediglich auf deren Stand zum Zeitpunkt der Erstveröffentlichung verweisen.

1. Auflage 2021
© 2021 Penguin Junior in der Penguin Random House
Verlagsgruppe GmbH, Neumarkter Str. 28, 81673 München
Alle deutschsprachigen Rechte vorbehalten
Cover- und Innenillustration: Sabine Sauter
Umschlaggestaltung: Maria Proctor, Würzburg
aw · Herstellung: bo
Reproduktion: Lorenz & Zeller, Inning a.A.
Druck: Mohn Media Mohndruck GmbH, Gütersloh
ISBN 978-3-328-30002-1
Printed in Germany

www.penguin-junior.de

Dieses Buch ist auch als E-Book erhältlich.